닉네임 전성시대

〈시와 여백〉 동인시집 그 여섯 번째

닉네임 전성시대

임남균 외 지음

문학의전당

▪ 책머리에

　〈시와 여백〉 동인들의 엔솔로지가 어느새 6번째 생일을 맞이하였습니다. 이는 동인들이 『시문학』과 『문예 감성』 등의 문예지를 통해서 활발한 작품 활동을 해온 결실이라 할 수 있겠습니다. 지난 세월을 짚어보니 동인들의 작품 활동이 주로 탈경계의 담론으로 전개되어 온 것을 발견할 수 있었습니다.

　탈경계. 환태평양 경제 동반자 협정(TPP)만 보아도 이제 무역 협정이 국가 간, 지역 간의 경계를 넘어 탈경계적으로 진행되는 것을 볼 때, 세계가 '경계-탈경계-경계-탈경계' 등으로 새롭게 묶여져 감을 볼 수 있습니다. 뿐만 아니라 사이버 머니 은행 등이 생기면서 온라인과 오프라인 간의 경계가 새롭게 재편되고, 전문 영역 간의 탈경계가 이루어지면서 문학에서도 탈경계가 나타난 것을 볼 수 있습니다.

　순수소설과 대중소설의 경계가 없어지면서 중간 소설이 주류를 이루게 되었고, 탈장르화가 진행되면서 시에 소설적인 스토리와 대사, 수필적인 산문율, 희곡적인 구성이 원용되는 추세입니다. 이러한 가운데서 〈시와 여백〉 동인들은 멀리 떨어져 있는 사물들을 결합하여 새로운 의미를 찾아내는 무선 상상(無線想像)이나 컨시트의 기법에 관심을 가지기도 하였습니다. 동인들의 관심은 공간으로 따지면 시골이라 할 수 있을 것입니다. 시골은 자연과 도시가 탈경계로 만나 독특한 공간을 이루는 곳이지요. 이와 마찬가지로 자연미와 인공미가 만나 새로운 세계를 만들어내기도 합니다. 이는 미래에 인간이 현실과 상상을 어떻게 가로지르기 하며 아름다운 마음을 만들 것인가에 대한 관심이기도 합니다.

그동안 〈시와 여백〉은 『시문학』 『시와 반시』 『애지』 『현대시』 등의 문예지를 내는 출판사에서 동인지를 출간해 왔습니다. 이는 경계를 넘어 포월적 시선—현실을 거시적으로 조망하면서 사물의 본질을 들여다보는 시선—으로 사물의 본질을 모색하는 탈경계적 태도와 무관하지 않을 것입니다. 6년을 서로의 인간미를 챙기며 지속하여 온 동인들의 한결같은 끈기에 박수를 보내며, 탈경계의 정신이 영원으로 나아가기를 기원하여 봅니다. 행복합니다.

2015년 가을
〈시와 여백〉 회장 정신재

■ **차례** | 〈시와 여백〉 동인시집 그 여섯 번째

책머리에

11 2015년 〈시와 여백〉 작가회 대상 수상작
    닉네임 전성시대 외 3편_임남균
20 수상작 작품론_정신재
31 초대시인
    지난여름 외 3편_권서각

제1부 반추

정재학
38 거미
40 반추
42 나비, 반의사불벌죄(反意思不罰罪)를 묻다

박영신
45 햇빛 징소리
46 아직은 따뜻하다
47 양복을 수선하며

남주희

48 불화를 편들다
50 낙화한 시간들
52 불콰한 어둠

한영호

53 할머니의 가을
54 차창에 기대어
56 낙엽을 쓸며

제2부 국민교육헌장

박성규

58 벙어리 KTX
60 국민교육헌장
62 달구지

박승기

63 달밤

66 항아리 4
67 주민등록

성 일
68 바라밀
69 청풍(淸風)
70 아버지 유훈

전성규
72 용수철
74 굴비
76 보름달

제3부 가시의 추억

강숙영
78 가시의 추억
80 한 컷의 풍경
82 어떤 말씀

자 원
- 84 만남의 기쁨
- 86 모두 다 드리리다
- 88 세월의 잎새

김금자
- 90 돌담
- 91 갈치장수
- 92 낮달

한성천
- 93 神들의 세계에서 퇴근하다
- 94 둥근 빛
- 96 처음에게 보내는 편지

제4부 연인을 빌리다

권순자
- 98 연인을 빌리다

100 이방(吏房)의 노을
102 시월 단풍

박찬호
104 소리채색
106 녹(綠)
108 정류장에 서서

전영칠
110 길 위에서
113 시를 쓰는 이유 3
114 시를 쓰는 이유 4

문소윤
115 따뜻한 똥
116 구절초
118 달맞이꽃

2015년 〈시와 여백〉 작가회 대상 수상자

임남균

2005년 『시인정신』 등단. 공저 『봄의 열여덟 번째 프러포즈』 『어떤 슬픔』 외 다수가 있음. 현재 〈시와 여백〉 동인회 사무국장.

제6회 대상 수상작

닉네임 전성시대

먼 옛날에는
호(號)나 자(字)를 썼었지
지금은 에스엔에스나
아이디에 별칭이 따로 있지
나의 닉은 무엇이라 지을까
한참을 궁리하다
힘든 세상이라
강호의 웃음을 잃지 않는,
소림강호(笑林江湖)라 지었지
강이나 호수의 물을 퍼 담지는 못해도
냉수 한 사발 뜰
그릇 하나는 간직하며,
인형과 인간이 공존하는 곳
중심을 지키는 모습되기
가상의 공간,
세상에 휘둘리지 않도록

얼굴 없는 영혼의

전성시대
실명에 금이 가지 않도록

국수를 말다

나이 숫자만큼 면 가락을 빼내어
냄비에 붓고 휘젓는다
공기와 힘의 회전이 생명이다
얇은 국수가 성질도 얇진 않을 거란 생각을 한다
쫄깃한 인생과 퍼진 생이 한순간이다
국수처럼 길고 가늘게 먹는 생활이
한밑천이라 한다
재빨리 넘어가는 것은 국물이다
살다보면
국물의 힘도 밑거름이지
얇지만 긴 그것이 얼마나 힘이 있으랴
백합처럼 하얗게
익은 국수가 센 입김에도 부러지지 않는다
그 생애만큼 엉키고 감겼던
인생들을 읽어본다
구수한 향만 나지 않았으리라
뜨거운 물과 찬물을 오가야만
오묘한 끈기를 내는 맛,

그렇구나, 그렇구나
생(生)은 국수처럼
뜨거움과 차가운 것이 서로
교차하는 탱탱한 줄다리기구나

가을날에 붙임

새들의 노랫소리가 익어가고
구름이 높아지는 날
그 멋진 직유와 은유를 던져버리고
하늘 아래 잘 마른 햇빛을 들이키고 물리지 않을
바람도 한술 떠먹어 보자
세상을 향해 허풍을 날려도 좋다
넉넉한 하늘이 받아주고 단단한 땅들이
굳세게 밀어줄 거다
안 먹어도 배부른 그냥 가을,
가을에는 낙엽보다 가벼운 걸음으로
풀벌레도 모르는
낯선 곳으로 떠나보자
가방에는
설렘이란 물건 하나 집어넣고
갈참나무 향기가 나는 먼 곳이라도 달려가자
가을 밤
때 묻지 않은 외로움과 친해질 시간,
가을날의 고요가 달빛 소식을

하늘의 여백에 서서히 채울 즈음
돌아오지 않을 편지를 붙인다
이름 없이
소인(消印)도 없이

안녕, 옛 노래

추억이 말라 갈수록 그리움은 커진다
남아 있는 것은 애잔하다
먹다 만 빵이 그렇고
텅 빈 뒤란의 그늘 반쪽이 그렇다
부스러기 그리움은
바람의 추억을 키운다
빗소리에 나뭇잎들이 울렁대는 시간
중앙시장 골목의 이끼 묻은 시계도
허기를 채우지 못한다
멀어지는 것,
떠나가는 것에 대하여 아직 익숙하지 않다
생각 속, 만지작거리는 것은
떠나간 구름에 대한 안부
사무치도록 울컥할 일 크게 있는 것 아니지만
얇아진 가슴에, 밀봉된 사연들이
어둠 속 별빛과 실랑이한다
명치끝에 자리 잡은 옛 노래가 귓전을 두드린다
푸른 바위로 돌아갈 수 없는 시간

추억과 기억 사이를 거닐다 잠이 든다
변두리 담벼락이 눈가에 들어오는
요즈음

제6회 대상 수상작 작품론

너와 나의 탈경계

정신재(문학평론가)

1. 탈경계가 필요하다

　사람들은 정치인들이 여와 야로 나뉘어 싸우는 데 식상해 합니다. 그러지 않아도 대한민국은 남과 북, 진보와 보수, 한국과 일본 사이에 경계가 없지 않아 가슴 한 켠에 안타까움이 있습니다. 긍정적인 발전으로 나아가는 토론이야 얼마든지 환영합니다만, 사물의 본질을 망각한 채 그저 상대방 죽이기에 몰두하는 논쟁에 민중은 지쳐 있습니다. 그래서 이 가을에 탈경계를 생각하여 봅니다.
　가을은 나뭇잎의 조락과 곡식의 숙성이 함께 어우러진 계절입니다. 그야말로 탈경계적이지요. 그래서 사람들은 이 계절에 만나기도 하고 헤어지기도 합니다. 그러면서 연륜이 쌓이는 것이지요. 그래서인지 임남균 시인의 시에는 탈경계가 많이 나타

나네요.

  2009년 가을에 〈시와 여백〉이란 동인이 결성되었습니다. 여백은 동양화를 생각나게 합니다. 매화를 돋보이게 하고, 산수의 진경(眞景)을 들여다보게 하는 여백 말입니다. 선만으로는 화폭에 나타난 경치의 질감을 느끼기 어렵지요. 그래서 산수(山水)를 산수로 느끼게 하는 여백이 필요합니다. 그리하여 여백은 산수를 실감나게 하는 역할을 하면서도 겸손의 미덕을 가졌지요. 그러므로 동양화를 바라볼 때에는 선과 여백을 탈경계적으로 바라보는 안목이 필요합니다. 시도 마찬가지입니다. 시인이 응축된 시행의 행간에 있는 의미들을 제대로 숨겨놓아야 시에 대한 관심이 높아질 것입니다. 행간에 놓아야 할 의미들을 다 까발리면 시로서의 생명성을 잃게 되는 것이지요. 시인의 「닉네임 전성시대」에는 시행과 행간을 통하여 뭔가 탈경계적인 것이 보입니다.

    먼 옛날에는
    호(號)나 자(字)를 썼었지
    지금은 에스엔에스나
    아이디에 별칭이 따로 있지
    나의 닉은 무엇이라 지을까
    한참을 궁리하다
    힘든 세상이라

강호의 웃음을 잃지 않는,
소림강호(笑林江湖)라 지었지
강이나 호수의 물을 퍼 담지는 못해도
냉수 한 사발 뜰
그릇 하나는 간직하며,
인형과 인간이 공존하는 곳
중심을 지키는 모습되기
가상의 공간,
세상에 휘둘리지 않도록

얼굴 없는 영혼의
전성시대
실명에 금이 가지 않도록
―「닉네임 전성시대」 전문

  닉네임은 인터넷에 떠도는 대명을 말하는 것이지요. 시인은 그 대명을 무조건 비판하기보다는 그것에 생명성을 부여하려 합니다. 어떻게냐고요. 이를 알아보기 위해서는 존재의 본질을 생각해볼 필요가 있는 것 같습니다. 존재에는 현실과 상상, 진실과 거짓, 미와 추, 선과 악 등 많은 현상이 있습니다. 과거에는 현실·진실·미·선 등에 주된 관심을 보였습니다. 그러나 21세기의 시에는 그것과 함께 상상·거짓·추·악 등도 함께 보여줍니다. 존재에는 전자만 있는 것이 아니기 때문이지요. 그중에 어떠한 것을 선택할 것인가는 독자의 몫입니다. 그래서 시인은 인공적인 것과 자연적인 것을 함께 보여줍니다. "인형과 인간이 공존하는 곳"을 모색하는 것이지요. 따라서 시인은 대명에도 이와 같은 탈경계가 필요하다는 것을 말하는 것이지요. 대명에도 긍정/부정이 함께 놓여 있다는 것입니다. 나아가 시인은 실명과 대명이 다 생동하기를 기원합니다. "실명에 금이 가지 않도록". 시인이 인공미와 자연미, 대명과 실명을 탈경계적으로 대하는 태도가 새롭네요.

2. 뜨거움과 차가움의 탈경계

「국수를 말다」는 시인의 인간미를 알 수 있게 하는 작품입니다. 가늚과 굵음, 얇음과 두꺼움, 뜨거움과 차가움, 면 가락과 국물을 탈경계적으로 바라보아야 할 것입니다.

>나이 숫자만큼 면 가락을 빼내어
>냄비에 붓고 휘젓는다
>공기와 힘의 회전이 생명이다
>얇은 국수가 성질도 얇진 않을 거란 생각을 한다
>쫄깃한 인생과 퍼진 생이 한순간이다
>국수처럼 길고 가늘게 먹는 생활이

한밑천이라 한다
재빨리 넘어가는 것은 국물이다
살다보면
국물의 힘도 밑거름이지
얇지만 긴 그것이 얼마나 힘이 있으랴
백합처럼 하얗게
익은 국수가 센 입김에도 부러지지 않는다
그 생애만큼 엉키고 감겼던
인생들을 읽어본다
구수한 향만 나지 않았으리라
뜨거운 물과 찬물을 오가야만
오묘한 끈기를 내는 맛,
그렇구나, 그렇구나
생(生)은 국수처럼
뜨거움과 차가운 것이 서로
교차하는 탱탱한 줄다리기구나

―「국수를 말다」 전문

  주지하다시피 국수를 삶을 때에는 뜨거운 물에 삶았다가 찬물을 붓는 행위를 반복하여야 면발이 쫄깃쫄깃해지지요. 시인은 여기에 착안해서 사물을 탈경계적으로 바라보는 시선을 요구합니다. "길고 가늘"면서도 면발이 끈기가 있는 것은 이와 같은 뜨거움과 차가움 사이를 오가는 단련의 과정이 있기 때문이지요. 지난 시절을 되돌아보면 젊을 적에 가난이 있었기에 노년의 여유로움이 생기고, 한때의 시행착오가 있었기에 더 이상 실수를 하지 않는 경우가 많지요. '순진한 강아지가 부뚜막에 먼저 올라간다'는 말이 있지요. 어느 한 편만 보아서는 사물을 제대로 파악하기가 어렵다는 의미도 포함될 것입니다. 시인의 인간미는 뜨거움과 차가움, 미와 추를 가로지르기 하면서 얻은 아름다운 실존인 것 같습니다.

3. 비움과 채움의 탈경계

삶을 직시하여 보면 어떠한 물건을 가졌기에 부담감을 느낄 때가 있습니다. 당장 돈이 필요한데, 그것이 부동산에 묶여 있어 고충을 겪는 이도 있습니다. 그러나 가을을 생각하여 보면 비움과 채움을 적절히 운용하는 법을 배우게 되지요. 가을은 나무 전체가 살기 위하여 자신의 잎들을 떨구어 버리지요. 열매의 아름다움을 만끽하면서 말입니다. 개인도 남에게 베풀 때 더 아름다운 행복감을 느끼는 경우가 많습니다.

> 새들의 노랫소리가 익어가고
> 구름이 높아지는 날
> 그 멋진 직유와 은유를 던져버리고

하늘 아래 잘 마른 햇빛을 들이키고 물리지 않을
바람도 한술 떠먹어 보자
세상을 향해 허풍을 날려도 좋다
넉넉한 하늘이 받아주고 단단한 땅들이
굳세게 밀어줄 거다
안 먹어도 배부른 그냥 가을,
가을에는 낙엽보다 가벼운 걸음으로
풀벌레도 모르는
낯선 곳으로 떠나보자
가방에는
설령이란 물건 하나 집어넣고
갈참나무 향기가 나는 먼 곳이라도 달려가자
가을 밤
때 묻지 않은 외로움과 친해질 시간,
가을날의 고요가 달빛 소식을
하늘의 여백에 서서히 채울 즈음
돌아오지 않을 편지를 붙인다
이름 없이
소인(消印)도 없이

—「가을날에 붙임」 전문

  나무가 늘 한곳에만 있어 괴로울 거라고 생각하면 오산입니다. 때로는 바람이 친구가 되어주고, 바람에 흔들리면 땅이 단

단하게 받쳐줍니다. 때로는 "달빛 소식을" 감상하고, 때로는 "하늘의 여백"을 바라보는 거지요. 중요한 것은 세계에 놓인 모든 것들이 다 존재 의의가 있다는 것입니다. 그래서 "안 먹어도 배부"를 때가 있고, "돌아오지 않을 편지를 붙"일 수도 있습니다. 세계에는 만남과 함께 외로움도 필요하고, 풀벌레 소리와 함께 고요도 있어야 하는 것이지요. 그것을 아름답게 소화하는 것은 개인의 몫이지요. 그래서 시인은 그 사물들을 편지로 적어 봅니다. 비록 "돌아오지 않을"지라도 존재로서의 의의를 느낄 수 있다면, 세계의 모든 사물이 다 그 가치를 가지고 있다는 사실을 알 필요가 있는 것이지요. 그래서 시인의 편지 쓰기는 존재를 존재답게 하는 의의 있는 일로 거듭납니다.

4. 중심과 주변의 탈경계

시인은 평소 일상에서 위트를 찾아내 주변 사람들을 웃기곤 합니다. 그 위트란 것도 대단하다기보다는 일상에서 약간 비켜감으로써 평범함에서의 일탈과 진실로의 회귀를 가늠하게 하는 매우 친근감 있는 것이지요. 이와 마찬가지로 시인이 일상에서 약간 비켜서서 사색을 할 때가 있습니다. 제목이 「안녕, 옛 노래」여서 뭔가 숨겨진 사연이 있는가 했더니, 결국 "추억"이란 시어에서 현실로 돌아옵니다.

추억이 말라 갈수록 그리움은 커진다
남아 있는 것은 애잔하다
먹다 만 빵이 그렇고
텅 빈 뒤란의 그늘 반쪽이 그렇다
부스러기 그리움은
바람의 추억을 키운다
빗소리에 나뭇잎들이 울렁대는 시간
중앙시장 골목의 이끼 묻은 시계도
허기를 채우지 못한다
멀어지는 것,
떠나가는 것에 대하여 아직 익숙하지 않다
생각 속, 만지작거리는 것은
떠나간 구름에 대한 안부
사무치도록 울컥할 일 크게 있는 것 아니지만
얇아진 가슴에, 밀봉된 사연들이
어둠 속 별빛과 실랑이한다
명치끝에 자리 잡은 옛 노래가 귓전을 두드린다
푸른 바위로 돌아갈 수 없는 시간
추억과 기억 사이를 거닐다 잠이 든다
변두리 담벼락이 눈가에 들어오는
요즈음

—「안녕, 옛 노래」 전문

이 작품에서 시인이 관심을 가지는 것은 "추억이 말라갈수록", "남아 있는 것", "먹다 만 빵", "텅 빈 뒤란", "부스러기 그리움", "바람의 추억", "빗소리에 나뭇잎이 울렁대는", "변두리 담벼락" 등으로 중심부보다는 주변부에 있는 것이고, 보통 사람들이 관심을 잘 안 가지는 작은 사물입니다. 이와 같이 시인은 주변부에 관심을 가짐으로써 중심부에 치우쳐 있는 시선을 일탈하려고 합니다. 그러나 사람들이 걸어온 길을 돌이켜보면 큰 사건과 함께 작고 사소한 일들도 있었기에 현재의 흔적이 남아 있는 것입니다. 그러므로 시인의 주변부에 대한 관심은 중심부에 치우쳐 있던 편협한 시선을 해체하고 탈경계적으로 사물의 본질을 모색하려는 태도일 수도 있습니다. 이렇게 볼 때 이 작품은 주변부에 대한 관심을 통하여 사물을 탈경계적으로 바라보려는 시인의 의도라고 할 수 있을 것입니다. 이와 같은 탈경계는 시인이 「귀뚜라미」에서 "침묵에 음표를 달아주는 소리/허공에 진열한 가을 소나타"로 표현한 바와 같이 '비움'에의 관심으로 나타나기도 합니다.

5. 결어

본문에서 시인의 사물을 바라보는 탈경계를 살펴보았습니다. 시인의 탈경계는 실명과 대명, 인공미와 자연미, 뜨거움과 차가움, 비움과 채움, 중심과 주변 등으로 언어와 감각과 공간과 이데올로기 측면에서 다양하게 나타납니다. 이는 인간과 자연, 일상과 상상을 가로지르기 하면서 얻어낸 포월적 시선의 결과이며, 사물을 본질적으로 들여다보려는 데서 생긴 사색의 귀착점이기도 합니다. 이는 시인이 소속한 〈시와 여백〉 동인들이 시행과 행간에 놓인 기표의 비율을 논의하는 가운데 생성된 것이기도 합니다. 그동안 동인들은 삶의 체험과 사색을 어떻게 여백에 숨겨놓을까에 관심을 가졌습니다. 그래서 형상화된 시어를 통해서 사물의 본질을 모색하는 데에 의견을 많이 나누었습니다. 임남균 시인이 자연 소재의 시어를 통해서 주변부에 관심을 가지고 탈경계에 대한 시력을 회복하려 한 것은 이와 맥락을 같이 한다고 할 수 있을 것입니다. 이와 같은 탈경계의 담론이 분열과 갈등으로 얼룩진 세계에 신선한 시선을 가져다주면 좋겠습니다. 탈경계로 행복하시기 바랍니다.

초대시인

권서각
지난여름 외 3편

경북 순흥 출생. 본명 권석창. 대구대학교 대학원 국문과 수료(문학박사). 시집 『눈물반응』 『쥐뿔의 노래』 등과 산문집 『그이 우에니껴』가 있음. 현재 대구경북작가회의 고문.

지난여름

모래는 누구에게 맹세할 수 없어서
별은 누구에게 맹세할 수 없어서
바닷가 언덕에 모여 근심하였네
모래는 누구에게 맹세할 수 없어서
별은 누구에게 맹세할 수 없어서
손가락에 눈물 찍어
어둠에 대고 꼭 눌러
모르는 사람의 이름을 썼네
흩어진 별의 뼈
허물어진 모래성을 지나
지난여름 바닷가 빈 마을로
파도는 빈손으로 물 만지러 간다
파도는 배가 고파 물 먹으러 간다
파도는 눈물이 나서 물 보러 간다

대동소이

초등학교 졸업하자마자
재수도 하지 않고 지게 대학 갔다던 친구
내 이름 부르지 않고 권 박사라 부른다
나란히 서서 오줌 누다가 힐끗 보고 왈
대동소이하네, 낄낄낄
몸으로 수고로이 살아온 너나
골머리 썩이며 살아온 나나
친구야, 우리 참으로
대동소이(大同小異) 하구나

몸 성히 잘 있거라

자주 가던 소주 집
영수증 달라고 하면
메모지에 '술갑' 얼마라고 적어준다
시옷 하나에 개의치 않고
소주처럼 맑게 살던 여자
술값도 싸게 받고 친절하다
원래 이름은 김성희인데
건강하게 잘 살라고
몸성희라고 불렀다
그 몸성희가 어느 날
가게 문을 닫고 사라져버렸다
남자를 따라갔다고도 하고
천사를 따라 하늘로 갔다는
소문만 마을에 안개처럼 떠돌았다
어느 하늘 아래 살고 있는지
몸 성히 잘 있는지
소주를 마실 때면 가끔
술값을 술갑이라 적던 성희 생각난다

성희야, 어디에 있더라도
몸 성히 잘 있거라

하나

모두들 나보다 잘나 보이는 날
무료히 내가 가진 것
손꼽아 헤어본다
몸 눕힐 방 한 칸
밥상 위에 숟가락 하나
살 가릴 옷 한 벌
등에 가방 하나
가방에 시집 한 권
주머니에 동전 하나
처마 밑에 지팡이 하나
하늘에 내 별 하나
이따금 옆구리 결리는 옛사랑의 기억 하나
하나하나 헤어보니
퍽 여럿이네

제1부 반추

정재학

박영신

남주희

한영호

거미 외 2편

밤이 새도록 촉수의 영역을 넓힌다.

날개를 단 자들의 터.
기어갈 수밖에 없는 한계를 뛰어넘어 허공을 차지한다.

색깔과 빛을 차단한다. 음모와 암흑과 마성(魔性)을 입힌 눈빛으로
살아 있는 너의 호흡 한 줄기를 느껴본다.

토해낸 은실을 묶으며, 굳이 한 끼의 식사를 위함이라고 말하지 않는다. 낮부터 검은 밤으로 이어지는 원형의 통로. 허공의 가장 중앙. 그물처럼 펼쳐지는 여러 가닥의 꿈과 집요(執拗).

흔들림이 있을 때마다 감각의 절정이 실마다 타오르고—멸시와 자비, 눈물과 이별들의 육신에 날개를 붙인 자들아.

부르르 살을 터는 경련을 상상한다. 그 후 오랜 은둔, 그리고 침묵.

바람이 분다. 비가 온다. 물방울이 맺힌다. 피가 맺히도록 줄을 잡는다.

지금까지는 바람이 불었고, 촉수의 신경이 찢겨질 때도 있었다. 그때마다 끊어진 포승의 줄을 이었다.

날이 샌다.
다시 눈을 감고 감각을 더듬는다.

반추

아직 소화되지 않은 나의 슬픔은
작은 위 속에 있다.

다시 추억이 울대를 치올리는 밤, 그 깊은 어둠
축축한 위액 속에서 완강하게 소화를 거부하던 슬픈 섬유질

나는 질긴 그것을 소화시키기로 하였다.

사랑이었을 것이다.
아픔도 슬픔도 괴로움도 모두가 단 하나로부터 나온다는 것은

다시 꼭꼭 씹어서
 목구멍 아래로 밀어 보내면 반항처럼 몇 번의 트림과 함께 치밀던 눈물
 그 욕된 허기를 물리치고 눈살이 가라앉는다.

사랑이었을 것이다.

저 반추 위 깊숙이에서
다시 이빨의 다스림을 원하는 그것은

나비, 반의사불벌죄(反意思不罰罪)를 묻다

　나비, 당신에 대해 할 말이 있습니다. 많은 사람들이 당신에 대한 처벌을 물으라고 하였지만, 세상엔 나 같은 사람이 한둘이겠느냐 싶어, 당신의 의중을 먼저 묻고 싶습니다. 당신은 누구입니까. 수많은 나무 중에서 왜 하필 나를 찾아왔으며, 왜 하필 나의 옷자락을 밟았습니까. 어찌하여 나의 꽃다운 젊음을 앗아갔습니까. 그저 황홀한 한 그루 꽃나무로 꿈꾸듯 살다 떠나고자 하였던, 짧고 아름다운 청춘으로 기억되기를 바라는 나의 삶에 당신은 무슨 짓을 하였는지 아십니까. 부드러운 목소리로 찾아와 나를 불렀던 그날, 돌아서 있는 나의 어깨를 달콤한 입맞춤으로 돌려세웠고, 뜨거운 당신의 손으로 가슴속 깊은 씨방을 열어, 마침내 나의 삶에 잉태와 출산과 양육, 어머니로서 삶을 살게 하였습니다. 이후 나는 당신이 남긴 열매를 위해 꽃을 떨구고 나뭇잎을 키워냈으며 하루 종일 태양의 에너지를 받아야 했고, 뿌리로는 수없는 수분을 빨아 올려야 했습니다. 그뿐이겠습니까. 해충들로부터 밤새워 우리의 자식들을 지켜야 했고, 거친 태풍을 막고 은빛 안개를 들이마셔야 했습니다. 밤과 낮, 나의 삶엔 휴식이 없었습니다. 10월, 시련 끝에 열매에 꿀 같은 단맛을 들여놓은 후, 초라해진 잎사귀를 바라보다가 그마저 떨구고는, 헐벗은 나목으로 이렇게 서 있습니다. 한 겹 나이테만이 육신을 둘러주고 있지만, 아픈 상흔을 기억하는 메모리였을 뿐입니다. 나비, 당신은 그 봄 나에게 단 한 번 찾아왔을 뿐입니다. 그리고 떠나간 후, 단 한 번도 나를 찾아주지 않았습니다. 잉태시키고 간 당신의 결실에 대해 안부를 물어주지 않았습니다. 어떻게 성장하고 얼마나 굵고 아름다운 아이였는지 물어주지도 않았습니다. 그러나 달빛 고요한 밤의 설렘 속에서 나는 당신을 그리워하였고, 폭풍우 쏟아지는 밤은 또 얼마나 무서웠는지요. 밤 소쩍새 울 땐 소쩍새 울음소리를 따라 당신을 찾아 꿈길을 헤매기도 하였습니다. 그러나 당신은 아무런 소식도 전해주지 않았습니다. 나는 고통과 원망과 신음을 되풀이하면서, 행복을 모르고 이렇게 헐벗은 채 서 있습니다. 당신도 지금 어느 고목 밑에 존재를 버리고 껍질에 둘러싸여 있겠지만, 나는 당신을 잊을 수 없습니다. 버림받은 여인으로서 비록 동정의 시선을 받고 살지만, 나는 두렵지 않습니다. 그리고 당신을 잊지 않을 것입니다. 그러나, 그러나 혼인을 빙자한 간음죄의 혐의에서 당신은 자유로울 수 없습니다. 다만 당신의 죄를 청원하지 않을 뿐입니다. 아아, 나의 첫사랑, 나의 첫 경험, 나의 첫 입맞춤, 나의 첫

남자, 하나뿐인 내 자식들의 아버지. 단 하나뿐인 나의 못다 한 사랑과 추억을 위하여.

정재학 『시인정신』 등단. 시집 『세월이 가도 허공에 있습니다』 『프로이드 찻집』 외 다수가 있음. 현재 한국문인협회 회원, 데일리저널 편집위원, IPF국제방송 편집위원, US인사이드월드 편집위원.

햇빛 징소리 외 2편

오후 두 시
햇빛의 음 요란해
더는 소리 낼 수 없을 만큼이네
사방은 제 소리를 내려놓고
저 찬란한 햇빛 소리를 받들어주네
태양이 뽑아내 주는 파장에
누구라도 눈물이 마르고
사람의 거죽인 빨래도 마르고
꽃들의 슬픔이 녹고
새살 돋은 도시의 복판
밀치락달치락 전진하는 바퀴들 진동 소리
사월의 저 햇빛 소리 이길 수 없네
눈부시게 터지는 빛발, 꽝꽝한 햇빛 징소리에
어찌할 수 없이 인간의 입들은 사라져
도시는 새로운 적막이 반들거리네

아직은 따뜻하다

눈밭에서 씀바귀가
초록의 물기를
눈물겹게 안고 있다
아리고 푸른 긍정의 샘에서 솟는
한 줄기 위안을
제 몸속에서 길어 올리는 중이다
푸른 눈물샘이 묻혀 있는
언 땅 위로 눈발 펑펑 쏟아지고
그럼에도 불구하고
그 잎들 아직은 따뜻하다
살아내느라고 죽은 잎들도
봄을 물고 있다
언 땅에서 타오르는
씀바귀 뿌리에서
한파에 더욱 맑아진
초록의 숨이 빛난다

양복을 수선하며

줄무늬 반듯하게 내려간 한 벌 옷
검은 고래 등줄기를 닮은 옷
철없이 물렁한 가슴 따윈 달려 있지 않은 옷
깨밭 허수아비도 입는 옷
허리가 제멋대로 늘었다 줄었다 하는 옷
낡으면 가장 먼저 입술이 터지는 옷
딱딱한 아스팔트 위에서 늦은 밤을 지고 가는 옷
이를 악물고 쓱쓱 다림질에 매달리는 옷
마음보다 깊숙이 살펴야 하는 옷
안쪽 아무도 모르는 곳에 개구멍이 있는 옷
창과 방패가 달린 옷
단추에 매달린 실오라기가 전부인 옷
그로 인해 단번에 무너질 수 있는 옷
한 시절 금방 피어난 꽃잎보다 밝았던 옷
옷과 함께 사라질 수 있는, 사람의 옷
살아 있는 피가 묻어 있는 옷

박영신 2001년 『시인정신』 등단. 시집 『요것들』이 있음.

동인시 • 남주희

불화를 편들다 외 2편
― 저녁일기 9

육각형 성당
붉은 벽돌로 치장한 지 겨우 몇 시간
저녁노을이 마수걸이 하고 있다

저 아치형 창을 걷어 올리고
벽에 이마를 부딪치고 있는 피아노를
열고 싶다
어제 읽었던 짧은 단문
생각이 대체 나지 않는 몇 구절을
흥얼대며
오늘 저녁 좀 일찍 귀를 열
각이 희미한 별 하나 편들고 싶다
아이 서넛 착하게 줄 세워
구름의 명세서가 박힌
노을에 대해 침착한 착각을 할 것이다

싸늘하게 식은 어둠이 오기 전
먼 데서 유랑하는 꽃들을 그러모아

중간쯤 되는 내 시를
조곤조곤 읽게 할 것이다
연결음이 끊기면
독백처럼 무성한 잎들의 말을
경배하며
준비된 저녁 몇 편으로
국경 없이 재재거리는 칸나꽃 덩달아
피는
저녁 불화는 여즉 두절된 상태라는

낙화한 시간들
— 저녁일기 10

저녁 불을 주섬주섬 챙겨
걸음을 옮기는 차들
하루치 노동을 털어낸 페달의 무게
야속하게 느리다

나무의 그림자가 숨어 있는 빗길이
아스팔트 위 바퀴 자국을 지우면
칙칙한 때깔을 삼킨 어둠의 꼬리에서
엷은 망고 냄새가 난다

움푹 팬 시간이 혼자 핀 꽃의 얘기를
흩뿌리고
사방 어둠이 종잇장처럼 얇게 구워지는
베네토 커피집 외등이 모처럼 밝아지는 이유
낭자하다
늦은 인부들
서둘러 공사현장을 떠나고
저녁 빗길과 가로등의 시선 바쁘게 충돌한다

비상등을 켜며
우선멈춤 밖으로 밀려나는 회갈색 레인코트
비를 끌어당겨 젖은 문신을 새기곤
얼룩의 정체 따윈 아는 체하지 않는다
불빛을 따돌리며 불안정한 이별을 귀가시키는 몸짓
가볍게 만개한다

불콰한 어둠
— 저녁일기 11

  종소리가 7시를 알릴 때까지 기다려야 된다 노곤한 하루가 깨어나고 모두 키를 낮춰 작약 꽃의 뒷덜미를 엿보라고
  아직 크지 않은 희망 같은 것 유예 당하고 야반으로 돌아갈 홍건한 시간에게 어둠과의 자리다툼은 하지 않기로
  내 등을 야속하게 구타한 하루에게 각질이 심한 손을 내밀며 어둠의 향기로 수줍게 잠수하는 것
  슬픔을 기억하려는 자에게 반쯤의 잔을 희게 건네며 친숙하게 다가앉는 불안의 정체를 묵인하는 것
  길게, 같이 은근하게 삭히는 것
  오늘 저녁 첨부된 바람의 대꾸에 떠듬거리는 내 언어는 정리될 것 같은
  전화기 너머로 들려오는, 저녁 7시에 개화한다는 한여름 밤의 편지가 곧 당도할 것 같은

남주희 『시인정신』, 『현대수필』 등단. 시집 『꽃잎호텔』 외 4권. 민족문학 본상 수상, 〈김우종문학상〉 시 부문 본상.

할머니의 가을 외 2편

뒤뜰에 아침 해가 살며시 입 맞추면
할머니는 가을을 멍석에 나란히 눕힌다

쭈그린 고추는 늙은 할배 거시기처럼
누워서 운명의 세월만 헤아리고 있다

한창 시절 큰 희망만큼 느낄 수 있는
정열을 마음속에 간직하며
백년가약이 시들지 않게 헌신하였는데

댕기풀이 엮은 맹세는 바래지고
지쳐 흐르는 숨소리까지 벅찬데
아름다운 가을을 무명치마에 감싼다

차창에 기대어

저녁놀이 짙어지는
차창에 앉아
아스팔트 한쪽에 비켜선
안타까운 가로등
먼 산 바라보며
정신을 잃고 있었다

지친 철마의 인생을
숨 가쁜 마음을 뿌리며
이정표 없는 거리를
숨찬 인내로 질주할 땐
노숙에 잠겨 배회하면서
꿈속에서 미래를 달군다

새벽 공기 발목을 잡는데
혼자서 먼동을 바라본다
떠오르는 숨결에 외로움 던져
밤새 망가진 차가운 이성을

말없이 참회하는 길 위에
멀미하듯이 깨끗이 토해보련다

낙엽을 쓸며

못 잊을 약속처럼
마음이 변덕인 나
줄지어 땅바닥에 누워 있다

싸리비 끝자리에 매만진 감각
떠밀리며 안타깝게 몸부림치는
핏기 없는 삶의 탄식

해해 년년 되돌릴 삶의 이슬
오늘의 고달픈 내일 희망으로 여겨
한 몸 진토 되어 진리를 찾는
무언의 퇴색이 애처롭다

내 인생을 낙엽에 비긴다면
쓸리어질 천약(天約)이 언제인지?
노쇄(老鎖)를 뿌리치며 달려가리라

한영호 『시인정신』 등단. 시집 『내 마음의 도화지』가 있음. 〈시인학교〉 교장.

제2부 국민교육헌장

박성규

박승기

성 일

전성규

동인시 · **박성규**

벙어리 KTX 외 2편

말은 제주도로 보내고
인재는 한양으로 보내라 했는데

인재는 되지 못해도
인재인 양 서울 드나들 땐
말 대신 KTX를 탔었다

수십 번을 오가면서도
KTX는 말이 없었다
관심조차 주지 않았다

어릴 적 열차는
출발한다고 도착한다고
터널 지난다고 건널목 지난다고
한 번쯤은 목청을 가다듬고 가던데

서울을 오가는 요즘 KTX는
표정 한번 바뀌지 않는

벙어리였다

국민교육헌장

어느 누군가가
독재자의 노래라 했다

사상(思想)에 대해선 문외한인데
동서고금 미풍양식 다 뒤져도
이보다 좋은 글귀는 없다 싶은데
엄동설한 학교 운동장에 서서
달달 외워야만 입실 허가를 받았는데
외우기 전에는 절대 입실할 수 없도록
통제를 한 것이 독재였던가!

국민교육헌장을 중얼거릴 때마다
초등학생이 된다
머리가 하얗게 변해가도
민족중흥을 일으키지 못한 죄책감으로
그때를 생각하면
줄지어 서서 입을 옹알거리던 친구들이 떠오른다
회초리를 들고 지키던 선생님도 생각난다

길들이려 만들었다 하는데
나이를 먹어도 길들여지지 않아 생긴 병으로
국민교육헌장을 옹알거리는 나
내가 독재자였다

달구지

삐거덕거리는 소리가 들렸다

오래도록 끌어서 나는 소리였다

주위를 돌아봐도 흔적이 없었다

분명 달구지 소리였다

지친 육신을 끌고 있는 나뿐이었다

내가 달구지였다

박성규 『시인정신』 등단. 시집 『어떤 실험』 외 8권. 『주변인과 시』 편집장 역임. 현재 대구 문인협회 회원.

달밤 외 2편

동인시 ● **박승기**

1
달밤에 아버지는 집을 비운다
들새 몇 마리 서쪽으로 조용히 날아오르고
빈 벌판 가득히 바람은 끊임없이 불려와
예감으로 우리의 차디찬 생애를 예고하지만
그 사이에도 강물은 넘쳐 미처 손쓸 사이도 없이, 한 세상
안개가 범람하는 동안, 끊임없이 잠들지 못하는
우리들의 뼈를 보라

아버지는 저리도 한 생애를 흔들어
하늘의 별자리를 수소문하는 것일까

2
우리 時代의 꿈과, 그리고
우리 時代의 희망에 관해 생각한다

보 · 인 · 다
모가지가 조금씩 부러진 꽃

3

비어 있는 벌판의 끝으로 이윽고 별이 떠오른다 여기에서는 모든 꿈이 다 잘 보인다 여기에서는 모든 희망들이 다 잘 보인다 이따금씩 슬픔을 위하여, 혹은 인간이 가지는 사랑을 위하여 우리는 함께, 죽어 있는 자작나무의 곁을 지나 상수리나무 그늘을 지나 먼 들을 지나 이 땅의 희망들을 흔들어보지만 어디에서도 사람의 불빛은 보이지 않는다 별만 보인다

4

깊은 밤 아직도 잠들지 않은 이들을 위하여
아무도 없는데 바다가 흔들린다. 아무도
없는데 슬픔이 흔들린다. 아무도
없는데 풀숲이 흔들린다

하여 다시금 노래하리라
이 어둠 어디서고 견디어내는 정갈한 눈물 하나
그 눈물이 모두 모여 다시 물소리로 설레는

달밤에는 모두가 집을 비운다

항아리 4
― 교수 Y에게

이 세상에서 가장 무서운 것은
늘상 그대의 등 뒤로 말갛게 눈떠 있는
고적(孤寂)의 새카만 어둠이 아니라
그 말갛게 눈떠 있는 고적의 새카만 어둠이 내려쌓는
저 무섭게 내재(內在)한 당신의
보이지 않는 벽이다
안개처럼, 소리조차 아득한
저 폐허의 미궁의 그물에 갇혀
어둠보다도
보이지 않는 당신의 내면(內面)의 벽보다도
더 무서운 것은
차마
이 안개 속에서 눈감는 일이다
어디에나 혼곤한 졸음으로, 아예
잠들어버리는 일이다

주민등록

모든 바람은 길 위에 주소를 적는다
길은, 바람이 주인이고
나는
바람에게 세 들어 있다

박승기 공저시집 『그리운 사람에게 길을 묻다』 『무엇으로 노래하랴』, 동인시집 『어떤 슬픔』 외 다수. 현 〈은행나무〉 편집위원.

동인시 ● **성 일**

바라밀 외 2편

허공이 날개를 달고
안개꽃밭을 누비며 춤을 춘다?

나비는 신선의 배를 저어
저 산과 바다에 거북의 등을 감춘다

두 손을 꼭 잡고
실낱같은 한 줄로 다시 허공을 오른다

옴발라 바따라 훔 바트

청풍(淸風)

안다고 말했지만
그것은 독이 되었소

그대 말 하나
태풍에
일어나는 파도였소

끝없는 허공 속에
그대는
결코 끈에 걸렸소

말하는 것이 아니라
걸어가는 것이었소

아버지 유훈

겨울나무 앙상한 가지
싸늘한 울음소리

"아픔을 말하지 말라"

아침 햇살이 저녁노을을
만나러 가듯이

그 빛

꼭 다문 입가의 미소
유성이 되어 내려옵니다

여름 햇살 가녀린 가지
청아한 바람소리

"항상 깨어 있으라"

바다 물결이 모래벌판을
만나러 가듯이

그 빛
정수리에 박히더니
파란 싹이 돋아납니다

성 일 2004년 『시인정신』 등단. 공저 『고요로 뜨는 달을 보며』 외 다수와 동인시집 『이상한 은행』이 있음.

동인시 ● **전성규**

용수철 외 2편

아픔 한 덩어리
가슴속에 잉태하고
내성을 키우는 중이라고 말할지도
모르지 사람들은.
그래도
등 굽은 어머니가 기다리는 고향으로
돌아가야지.
세상의 문틈 나른하게 벌어지고
팽팽하던 옷자락들 모두 헐거워지더라도
틈을 보이진 말아야지.
더 이상 느슨하게 벌어지진 말아야지.
정든 이웃들은 모두 떠나가도
철새들은 둥지를 버리고
바람 따라 저 하늘로 날아가도
꿋꿋하게
내성을 키워야지.
비록
세상의 틈새에 끼여 사는

달팽이 같은 육신뿐이지만
언제나 탄력 있게
내 몸을
추슬러야지.
이 생명 다하는 그날까지
헐거워지지는
말아야지.

굴비

처연하게
포박당한 몸으로
시장 마트에 진열돼 있는
굴비 한 두름.
살아생전 무에 그리
많은 죄를 지었길래
저리도 줄줄이
온몸에 포박을 당했을까.
어느 심연의 망망한 바다에서
황망히도
준비 없는 이별을 맞이했을
굴비 한 두름.
아무도
따스한 손길 건네는 이 없는
진열대 위에서,
차가운 얼음조각 위에
살을 댄 채
시린 등짝을 뒤척이고 있는

굴비
한 두름.

보름달

저 달은 알고 있을 거야.
세상 사람들이
어떻게 살아가고 있는지,
사람들은 무엇으로
어둠의 빈틈을 채우고 있는지를.
저 맑은 눈동자로 훤히
세상의 속살을 내려다보고 있으니
아마도 구석구석
우리가 가리고 있는 비밀들마저도
속속들이 알고 있을 거야.
사람들 앞에 차마
내색하기 싫은 부끄러움들까지도
저 달은 모두 알고 있을 거야.
속마음을 들여다보면서도
아무 일 아닌 듯 따라오며
토닥토닥 등을 두드려주는
저 하얀 달빛.

전성규 『시인정신』 등단. 시집 『고향.com』 『그리움만 남겨 두고』 『그리움.com』, 산문집 『시골길과 완행버스』 등이 있음.

제3부 가시의 추억

강숙영

자 원

김금자

한성천

동인시 • **강숙영**

가시의 추억 외 2편

목에 로션을 짜 바르다 무심코? 부호를 그려놓는다

안녕? 하지 못했던 친구의 집들이 날 생애 처음
커억, 하고 별일이 생겼다
저녁으로 준비한 우럭 매운탕을 허겁지겁 먹다가
방심한 사이
우럭 가시가 목 안을 순식간에 파고든 것이다
푸르른 물속에서 유영하던 목숨을 박탈당한
물고기의 적의였을까
몇 군데 이비인후과에서 목안을 샅샅이 뒤졌다지만
도대체 찾을 수 없었고 그러나 끈질긴 그것은
침을 삼킬 때마다 통증을 번개처럼 내비치며
존재를 숨기지 않았다

입장이 바뀐 채
충혈된 눈의 물고기가 되어
가시가 던진 낚시 바늘에 목을 꿰인 사람의 모양새라니
며칠을 버티다 마침내 내시경 집게에 끌려나온

우럭의 뼛조각은 피를 휘감고 의미심장한 몰골로
날카로운 낫 모양을 하고 있었다

그때는 몰랐었다
식탁에서 생선가시를 마주하게 되는 사소함에도
긴장에 덜컥, 덜컥 붙들리게 되리라는 것을

시간이 지나고 나서야 알았다
별일 없느냐는 식상한 인사말이
결코 예사말이 아니라는 것을

한 컷의 풍경

친절한 하늘 씨,
파랗게 탁 트인 너른 마당에
간혹 보이는 뜬 구름 성가실까봐
빗자루 자국 선명하게 싹싹 쓸어놓았다

어느새 숙녀로 자란 한 무리 코스모스,
청순한 콘셉트로 화장을 마치고서
얼짱 각도로 한들한들
귀여운 몸짓으로 살랑살랑
연모하던 하늘을 끌어당겨
"나도요", "나도요"
긴 목에 까치발 들어 포즈잡기 한창이다

벤치에 쓸쓸한 기운으로 앉아 있던 가을,
쾌히 일어나
하늘과 코스모스 사이 맴도는 허공을 모아 잡아
각도를 달리하며 카메라 셔터를 누른다

얼음 땡 놀이처럼

지나던 바람도 숨을 들이쉰 채 꼼짝 않는다

어떤 말씀

일요일 오전,
식구들 아직 자느라 세상 고요하고 내심,
고요야 조금 더 이어져라
조심스런 시간과 나란히 누웠습니다
그럴 즈음, 35억 년이 품은 지구
그 배꼽의 시원을 따라 들리는 소리
부풀은 허기가 배를 긁다가 발을 구르다가 고함을 지르더니
드디어는 천둥소리로 울어댑니다
뱃속의 난타전이 새삼 이채롭습니다
몇 번의 신호를 알아채고 드디어 다이어트가 깃드는구나 그렇게
배고픔을 음미하고 있을 때
어디선가 가슴을 후려치는 소리
속삭이듯 쩌렁쩌렁 합니다
기회만 엿보던 후회가
위장 속에 몰래 들어앉으면 어쩌려고 그래?
아차, 벌떡 일어나 물 한 잔 들이켜고

덜그럭 뚝딱, 거룩한 배꼽의 말씀을 차립니다

강숙영 안양 출생. 2004년 『시인정신』 등단. 공저 『새벽안개에 젖은 꿈』 외, 동인시집 『어떤 슬픔』 등이 있음.

동인시 • **자원**

만남의 기쁨 외 2편

낮은 곳에서 높은 곳으로 가는 길
땅끝에서 하늘 가는 길
여기는 하늘 정거장입니다

이곳은 저 멀리
기러기 돌아와 길손을 맞이하는 곳
산 높은 곳에서
터질 듯 피어나는 생명

바다 끝에서 더 나아가지 못하기에
코스모스 가느린 몸짓
머물 수가 없나이다

황금 옷 입으신 대지의 넉넉함이여
그대의 맺힌 가슴 허물어집니다

하늘로 가는 길
바다로 가는 길

코스모스 노을빛으로 떠나버린
황혼의 갈대
보고 있어도 보고픈 기쁨입니다

모두 다 드리리다

한 구절 가르침 듣고자
하나밖에 없는 몸을 드리오리다
무상의 노을에
영원으로 가시나이다

하나밖에 없는 햇볕 떠나감은
밤하늘에 등불로 오실
달님 보고파서요
울 엄마 집 나서는 날
모두다 벗어놓으셨네
부르고 불러봅니다

마주서서 모두 다 드리리다
하늘에는 무심한 흰 구름
고운 나비 가다가는 꽃잎에 앉아 쉬는데
때때로 아쉬운 듯 돌아보면
언뜻 비추는 햇살

저 높은 곳으로 가시나이다
모두 다 드리웁고
자죽마저 없나이다

세월의 잎새

빈 하늘에 연꽃이 되셨나요
저 잔잔한 세월의 잎새
대지에는 그냥 속 깊은 사람이 서 있습니다

바보라면 더욱 좋은
그 산속 숲길
그 길을 걷고 있습니다

바보라서 감사하지요
참 오랜 시간이었지요

정자나무에 걸려 있는
제비꽃 이야기
오늘따라 까치 소리는
그대의 외로운 마음 보듬어 갑니다

아!
저기 연잎들이 홀로 섰습니다

밤하늘 별빛 되고자
그냥 걷고 있는 대지의 향이었습니다

자 원 2004년 『시인정신』 등단. 공저 『고요로 뜨는 달을 보며』 외 다수와 동인시집 『어떤 슬픔』이 있음.

동인시 **김금자**

돌담 외 2편

천년 동안 버틸 줄 알았던 돌담이
뭉툭 한 줌 푸석하고 소리를 낸다
은구슬 구르듯 쨍쨍하던 목소리가
허공에 메아리친다

바람이 회오리치며
아름답던 날들을 무너뜨린다
정신이 혼미해진다
혼줄을 잡으려고
헛손 내밀며 허둥거린다

솜털구름 흘러가고
별들이 노래하는
미래의 공간에서 꿈꾸는

영롱한 별 하나

갈치장수

스산한 초가을 저녁
해는 이미 서산을 넘었는데
고막을 찌르는 스피커 소리
팔딱팔딱 뛰는 갈치가 왔습니다
제주 먹갈치 싼 값에 팔아요

갈치장수 엎드려 신발 끈을 묶을 때
등 뒤에서 퉁퉁 붇은 아내의 볼멘소리
오늘 큰아이 밀린 등록금과
살고 있는 집 월세를 내야 한단다

진종일 등록금과 월세가 어깨를 짓누른다
갈치장수 아저씨 용기를 내어
외친다. 갈치 떨이 사세요
싸게 팝니다

낮달

멀건 대낮 서울 빌딩 숲에
하얀 낮달이 서성인다

화로보다 더 뜨거운 땡볕에서
콩밭 매던 영순이가 야반도주를 했다

영순이 어매 아배는
밤마다 등불 밝히고
뜨락을 떠나지 않건만
영순이 소식은 감감하다

애를 태우며
어매 아배는 영순이를 찾으려고
멀건 대낮 서울 하늘에
낮달로 떠 있다

김금자 『한울문학』 등단. 공저 『어떤 슬픔』 외 다수가 있음. 〈함시〉, 〈동강문학〉 동인.

神들의 세계에서 퇴근하다 외 2편

동인시 • **한성천**

당신은 바깥을 바라보고
정신병동에서 울부짖는 아이는 초경의 징후도 없었지
당신의 구심점을 놓아주는 아니 자유를 주는 아니
집착에서 놓여날 때를 알아버린
진정한 신계(神界)에 당도하는 중에
어디로든 퇴근을 해야 하는 굴레에서
발목을 잡고 있는 생의 결제는 늘상
미결에 놓여 있는 몸,

몸으로 할 수 있는 모든 사랑에 갱년기가 있듯
정신에도 갱년기가 찾아오면
적절한 위로의 말을 떠올리기가 쉽지는 않아
너도 언젠가 그랬지 사랑도 지겨워졌다고
돌아누운 채 들썩이는 등을 차마 껴안아주지 못하고
휘적휘적 달라붙는 가을비 가락이
당신이 놓아버린 정신줄같이 온몸을 적셔올 때
어디로든 퇴근해야 할 것처럼
부르르 떠는 몸,

둥근 빛

  빛을 구걸하던 습관을 몸에 익힌 터라
  갑자기 쥐구멍 같은 생에, 송곳처럼 날카로운 빛이라도 들면
  얼마큼 빗장을 열고 받아들여야 할지를 놓고 색다른 고민이 생겨
  거울을 보고 물어보면
  한 시절 버팅기다 풀어져버린 주름살이며 기미 같은 것들이
  거울을 엎어버리더군
  헛헛한 마음을 하늘에 대고 품어대면 그곳에
  샤갈의 창문 같은 게 나 있기도 해
  새벽 풀잎 이슬 페달을 밟고 조간신문을 배달하다가
  샤갈이 열어둔 빙판 위로 보기 좋게 자빠졌던 것처럼
  그런 얄팍한 빛의 속임수에 또 당할까봐서 흥이다,
  말하자면 빛은 빛으로 빚어내는 법이 단 한 번도 없었던 거야

  빛과 빛의 거리를 계산하기는 아주 쉬워
  만난 지 100일을 기념하는 자리에서
  네게 흥미를 잃었다며 돌아서는 찰나만 기억으로 남지
  이를테면 말이야

오랜 고독과 화해의 거리는 커튼 하나의 두께야
굴렁쇠에 갇힌 채 돌고 돌다
엄마가 부르는 소리에 둥근 밥상머리에 냉큼 앉는 속도였지
하늘과 땅이 빛을 구분하는 방법을 정하진 않았어
저절로 하늘이고 저절로 땅이었던 거야
슬픔의 눈물과 기쁨의 눈물도 다 속임수에 불과해
절망하거나 포기하는 건 무조건 손해라는 결론이지
너와 내가 꽉 움켜잡은 손처럼
사실은 저절로 빛이었던 거야

처음에게 보내는 편지

보고 싶다,
모든 일상의 일들을 지배하는
추억이 내게 머무는 동안에는

보고 싶다 당신,
왜 이러는 걸까
당신도 비밀의 정원 하나쯤
갖고 있을까
보고 싶어 흔들리는 보폭이 나와 같을까

몇 해의 추억이 지나
당신의 버릇을 닮은 인연 앞에서
환절기 핑계로 그렁그렁
하늘을 올려다보니
새털구름 가벼이 흘러가네

한성천 『시인정신』 등단. 공저 『봄의 열여덟 번째 프러포즈』 등이 있음.

제4부 연인을 빌리다

권순자

박찬호

전영칠

문소윤

연인을 빌리다 외 2편

다른 별에서 일하던 사내가 지구 문이 열리자 들어선다
옆에 앉자마자 입을 벌리고 곤하게 꿈꾸는 사내

홀로 힘겹게 싸우다 살아남아 떠나온 사내의
옆구리의 냄새는 온종일 몸부림친 비린내일 것이다
서늘한 잠이 전사의 몸 다독일 때
무거운 머리가 내 어깨에 떨어진다

살벌한 이윤의 땅에서
비방의 채찍에도 의연하게
오욕의 말발굽에 쓰러지지 않고
질기게 서서 버틴 전사.
옷이 누더기가 되도록
관절마다 멍이 들도록
발바닥이 퉁퉁 붓도록

미친바람이 흔들 때마다
그는 휘어지고 때론 부서지기도 했으리라

흔들리면서 비몽사몽 중에서
오한과 열기가 엄습할지라도
더 맑아지는 정신으로 충혈된 눈을 비볐을 것이다

땀에 젖은 몸
낯선 땅에서 살아나온 시큼한 냄새는
흔들리면서 지치고 무거워진 머리를
오랫동안 내 어깨에 기댔다

이방(吏房)의 노을

격렬한 노을 하나가 방 가득히 누워 있다
스스로를 형벌에 처한 노을
낙원으로부터 추방된 얼굴

고독과 고통의 밧줄이 온몸을 꽁꽁 묶었다
예민한 바람이
지린내 나는 노을을 훑어낸다

깊이 녹슬어 쓸쓸한,
불타오르던 혀는 사막처럼 적막하다

잔잔히 파도치는 머리카락
새하얘서 찬란하다

막걸리 혼자 다 마신 주전자
노을 곁에 널브러져 노란 얼굴로 반짝인다

방에서 붉게 타고 있는

노을의 형상은 농부였다가 목자였다가
일일 노동자이기도 했다

장엄한 어둠이 문밖에서 서성거렸다
바람이 빚쟁이를 데리고 왔다 가고

무수한 가슴들이 또 다른 형상으로
문턱을 들락거렸다

시월 단풍

시월의 산길은 붉다
사방은 금세 물고기 떼로 찬란해진다
바람에 쏟아지는 다채로운 물고기들의 몸놀림에
한바다에서 함께 헤엄치는 물고기 된다

설탕처럼 달콤한 기억이
외롭거나 아프게 얼룩진 기억이
함께 헤엄치며 햇살에 빛난다

빛들은 사라지지 않을 것이다
사라지지 않는 연기처럼 어딘가에 묻어서
제 목숨을 이어갈 것이다

사라진다는 것은 지금
눈앞에 보이지 않을 뿐이라는 것

죽어간 물고기의 형체는 흩날려서
허공에 스며들어서

더 이상 빛이 스며들 수 없다는 말과 같아서

눈이 멀어지고 목이 쉬어지고 귀가 어두워져서
무릎이 닳고
숨결이 거칠어지는 것은
단풍이 든다는 말과 같아서

물고기가 빛내며 날아가는 것
헤엄쳐 가는 것이
시간이 명명한 운동의 한 가지라는 것

권순자 2003년 『심상』 등단. 시집 『우목횟집』 『검은 늪』 『낭만적인 악수』 외 다수가 있음.
〈시인통신〉 동인, 한국시인협회 회원, 한국작가회의 회원. 2012년 아르코문학상 수상.

동인시 ● 박찬호

소리채색* 외 2편
― 무섬마을에서

남자는 불쑥 해진 노트에 생색을 담아
춘향가 한 자락을 풀어놓았다

오래전에 당신이 지났을 이 마을엔
낯선 사내와 여인이 처연한 눈사위로
물가로 가는 길을 줄였다

나는 당신의 헐벗은 어깨 앞에 미끄러지던 말을 삼키다
자주 박자를 놓치고,

새들이 가지 위에서
붉은 어절로 하루를 요약할 때에도
스치는 바람 소리만으로 쉽게 길 잃곤 했다

돌아갈 하늘 한 귀퉁이 빈 눈길로 닦을 때
언젠가 얹어두었을 당신의 눈시울
나를 따라 흐르던 직선의 생애로
떨어졌다

새벽 한기 혼자 외등불을 켜던 종착역,
서둘러 골목길을 돌아가던
자진모리 한 대목이 들렸다.
11월이었다

―――――――
＊무섬마을에 있는 카페 이름.

녹(綠)

노인들의 무료가 그네를 밀었다 당긴다
때때로 단호했던 일상이
그늘에 숨겨둔 바람을 열어 투박한 하루를 읽어줄 때
꽃들은 일제히 오후를 잠그고
먼 창문에 외등 불빛으로 저녁을 걸었다

날마다 제 지닌 시간이 버거워
붉은 뒤꿈치로 골목을 빠져 나가던 시절도
전봇대 위를 날며 뚝뚝 떨어뜨리던
새들의 간격을 들었던 걸까,

가끔 들리던 아이들의 오후가
나무마다 한가득 깊은 말들을 쌓았다
창을 열고 이불을 털던 여인이
쏟아내던
빛사위에 눈시울이 아리다
녹,녹,녹, 색들이 쏟아진다

잠그지 않은 수도꼭지에서
단색의 풍경이 흘러내렸다

정류장에 서서

한적한 정류장에서 가을을 기다렸다
또는 가을을 기다리지 않았는지도 몰랐다
주름진 구름이 계절을 지나며
제 무게가 버거워 서둘러 색채를 나누었다

몇 대쯤 버스를 떠나보냈으나
방금 지나온 거리를 기억하지 못해도
나는 슬프지 않았다
저녁의 조용한 시간이면 무엇이든
준비된 기억들로 소멸될 뿐
나뭇잎만 격앙된 자세로 내려앉았으므로

어두운 골목에서 서성이다
한꺼번에 귀환하던 세상의 저녁들이
얼큰해진 나무들을
가슴에 들여놓았다
사는 날까지 기다릴 것이 남아 있던가,
가을 속으로 사람들이 걸어갔다

소름 돋은 풍경같이
남루한 생애들이 떨어졌다

박찬호 서울 출생. 『시인정신』 등단. 공저 『어떤 슬픔』 외 다수가 있음.

동인시 전영칠

길 위에서 외 2편

어느 날 문득
집 놓고 차 놓고 세상 놓고
터벅터벅 통영에서 부산까지 115km
가지런한 붉은 벽돌처럼 살다가
그중 하나 바닥에 내려놓고 걷는 도보길

높고 낮은 하고 많은 사람들 가릴 것 없이
"사람은 죄다 천상 거지인 거여."
일갈했던 남도 천사촌 거지왕 천자근이 생각나는 길
계급장, 무거운 짐, 사람 위에 서는 기술 따위로
끝내 거지가 될 수 없는 거지같은 인생이라니!

사등리 너머
초록색 논길, 거제 내륙 14번 국도 자글자글 끓고 있는 아스팔트길을 지나
짙푸른 들 햇살 헤엄쳐
자궁 같은 바닷길을 포근포근하게 걷는 길
갓길 푸르러 서러운 하늘, 바다, 맨 흙길 옆

잡초,
누구는 잡초 아니었나 누구는
맨땅 아니었나 누구는 원시인 아니었나
언제부터 원시인이 두꺼운 지갑 차고
층층이 저장하고 살았는지
실은 저 길이 아름다워 서러운 것이 아니다
으스대고 이빨 드러내는
끝도 없고 한도 없이 채우고 쌓아야 하는 인생의 스펙들이 눈물겨운 것이다
그 모든 물거품들이 서러운 것이다

오래 걷기로는 눈썹도 무거우니
내려놓을 수 있는 것은 내려놓고 걷기
떼어낼 수 있는 것은 떼어내고 걷기
한결 몸이 가볍다
그러면서 속 깊이 어디엔가부터 우러나고 있는
진한 순댓국 육수 같은 그리움 한 덩이 두 덩이
그것 두고 오지 못해 그와 함께 걷는 길

사람은 본시 주머니 없는 객인(客人),

길바닥에 주저앉아 개망초 꽃 하나, 나 하나 밥 나누어 먹으며
걸쭉하게 널브러져 저무는 하루
오늘은

뿌리 같은 그리움으로 깊이 깊숙이 넘실대며 노래하는

저 바다 어디쯤에서 고단한 몸뚱이 풀어놓고

그리움 대신 막걸리 한 사발을 마실까

시를 쓰는 이유 3

돌아, 아무 데나 굴러다니는 돌아
미안하다
미안하다

나, 늬가 좋아
돌아 나 늬가 좋아
아무 데나 굴러다니는 돌아

시를 쓰는 이유 4

세상 어지러울수록
논다라는 두 글자를 생각해본다
논다
ㄴㅗㄴㄷㅏ

놀다보니 신명나고
신명나니 돌며 돌며
나물 만들 때처럼 자꾸 버무려져
어지러움도 맛나질 거라
논다
논다
산다는 건 논다는 거
쓴・찬・신・단,
다함께 버무려져 논다는 거

전영칠 1996년 『문예사조』 등단. 시집 『불방울들은 만나면 서로를 안습니다』 『살아있다는 그 끝까지 가고 싶다』 등이 있음. 한국문인협회 회원.

따뜻한 똥 외 2편

동인시 ● **문소윤**

누렁이 꼬리가 뒷산 흔드는
싸락눈 내리는 밤
뒷간을 가야 할 때면 어김없이
아버지가 일어선다
삐거덕삐거덕 널빤지에 앉혀 주는
아버지 손은
똥 누는 내내 따뜻했다
1학년 국어책
비비는 소리는 더 오래 따뜻했다
아버지 아버지 우리 아버지
버들강아지 실눈 뜰 때
아버지 똥추마리 업고
호박구덩이로 가겠다
까마귀도 출렁출렁 따라가며
뭐냐고 묻기도 하겠다
나는 양변기에 앉아서
어두워진 아버지를 오래도록 풀어낸다

구절초

아버지 무덤 앞 허리 굽은 구절초
찬바람 부니 한 잎 두 잎 떨어진다
왁자지껄 성묘 온 자식들 소리에
접힌 허리를 곧추며 하얗게 웃는 아버지
낯선 생활이 적응되어 가는지
편안하게 절을 받으시고
그간의 소식에 귀 기울이신다
특히 어머니의 오랜 병상이 밝히셨나
소주 한 잔 단숨에 들이켜고
오징어 다리를 잇몸으로 우물우물하신다
여든이 넘으신 아버지에게
치과 치료가 어렵다는 의사의 말을 듣고도
제 것 무엇 하나 내드릴 수 없는 속내들
그래요 그냥 계시다 떠나세요
눈보라 몰아치면 온몸 쓰러져 갈 구절초
묏등 한 바퀴 잡초를 솎아내는데
담배 연기 길게 뿜어내며
어서 내려가거라

훠이훠이 손사래 치는
희미한 아버지

달맞이꽃

 못 둑 끝까지 걸어도 노란 꽃만 비틀비틀 오십니다 아침 밥상 머리에서 오늘은 일찍 오마라는 약속 믿을 리 없는 어머니, 가시덤불에 넘어졌는지 연못에 빠졌는지 나가 보아라 복작거리는 시장통에서 만난 친구를 반갑다 해싸면서 막걸리 대여섯 순배 돌아가며 날린 술값 어른거려 연못가에 누웠다 앉았다 할 만하지요 그때마다 달맞이꽃 많이도 깔아뭉갰고요 발바닥에 가시도 박혔지요 아버지, 아침에 나갈 때 정갈한 모자도 내려놓으세요 연못으로 굴러도 잡지 마세요 모자인들 덥지 않겠어요 겉보리 한 가마 등짐 진 어깨도 내려놓으세요 보리쭉정이 같은 여편네 사랑도 벗으라고 등 밑에 깔린 꽃이 부득부득 가르치던가요 엉덩받이에 묻은 노랑 물 이제 똥까지 지렸느냐고 엄마가 일부러 한 소리 서운타 마세요 둑길에 드러누워 한 숨 주무시는 아버지를 귀신인 줄 알고 도망치지 않겠습니다 아버지, 갈지자로도 좋으니 한 번만이라도 오신다면 못 둑 지나 더 멀리 마중 나가겠습니다

문소윤 2009년 『시문학』 등단. 시집 『피어라, 꽃』이 있음.

이 도서의 국립중앙도서관 출판시도서목록(CIP)은 서지정보유통지원시스템 홈페이지(http://seoji.nl.go.kr)와 국가자료공동목록시스템(http://www.nl.go.kr/kolisnet)에서 이용하실 수 있습니다.(CIP제어번호: CIP2015031789)

〈시와 여백〉 동인시집 그 여섯 번째

닉네임 전성시대

ⓒ 임남균 외

초판 1쇄 인쇄 2015년 11월 23일
초판 1쇄 발행 2015년 11월 30일

지은이 임남균 외
펴낸이 고영
책임편집 이현호
디자인 헤이존
펴낸곳 문학의전당
출판등록 제311-2012-000043호
주소 서울시 은평구 연서로11길 7-5 401호
편집실 서울시 마포구 마포대로 127, 413호(공덕동, 풍림VIP빌딩)
전화 02-852-1977
팩스 02-852-1978
블로그 http://blog.naver.com/mhjd2003
전자우편 sbpoem@naver.com

ISBN 979-11-5896-015-5 03810

* 이 책의 판권은 지은이와 문학의전당에 있습니다.
* 양측의 서면 동의 없는 무단 전재 및 복제를 금합니다.
* 잘못 만들어진 책은 바꿔드립니다.